TRADITIONS POPULAIRES

DE

CONSTANTINOPLE

ET DE SES ENVIRONS

Contributions au Folklore des Turcs, Chrétiens, Arméniens, etc.

PAR

HENRY CARNOY

DIRECTEUR DE « LA TRADITION »

Professeur au Lycée Louis-le-Grand

ET

JEAN NICOLAÏDES

Professeur au Lycée de Chios

PREMIÈRE SÉRIE

PARIS

AUX BUREAUX DE « LA TRADITION »

128, boulevard du Montparnasse

M.D.CCC.XC.II

5895

ABBEVILLE, IMP. DU PILOTE, FOURDRINIER ET Cⁱᵉ

Tiré à cent exemplaires.

AVANT-PROPOS

Il y a quelques années, nous avons publié les Traditions populaires de l'Asie-Mineure qui ont eu la bonne fortune de recevoir un accueil des plus encourageants auprès des traditionnistes français et étrangers.

Après de nouvelles recherches, nous donnons la première série des Traditions populaires de Constantinople et de ses environs. Les notes que nous avons recueillies sont nombreuses et variées. La publication ne sera complète qu'en deux ou trois séries.

La deuxième livraison renfermera une quarantaine de chansons populaires grecques ou turques en traduction accompagnée du texte original.

H. C. et J. N.

TRADITIONS POPULAIRES
DE CONSTANTINOPLE

PREMIÈRE SÉRIE
SUPERSTITIONS ET CROYANCES

I
SUPERSTITIONS ET CROYANCES DES TURCS

I. — *Chats noirs.* — Il faut se garder de faire du mal à un chat noir pendant la nuit. Autrement on aurait à craindre de grands malheurs.

II. — *Pigeons.* — Il faut se garder d'élever des pigeons dans les maisons, car les pigeons portent malheur. Le pigeon est un oiseau sacré qui fait son nid dans les mosquées. Il n'est pas permis aux Turcs de le manger.

III. — *Singes, Chiens, Poissons rouges, Lièvres et Lapins.* — Il faut se garder d'élever dans les maisons des singes, des chiens, (sauf de la race nommée en turc : *quidmir*), des poissons rouges d'eau douce, des lièvres et des lapins.

Ahmet Nédjib, turc, né à Constantinople, nous a raconté que son père, Essad-Bey, grand fonctionnaire des six Contributions indirectes, avait fait construire, il y a cinq ans, un aquarium dans sa maison de Smyrne. L'aquarium achevé, Essad-Bey y fit mettre des poissons. Mais aussitôt l'édifice tomba en ruine. La même nuit, le feu prit à la maison et la détruisit en partie.

Meh'met-Hussin, turc, né à Constantinople nous a rapporté une histoire analogue. Son père avait acheté un lapin et l'avait porté dans sa maison de Smyrne. Des amis le prévinrent que cet animal lui porterait malheur. Pour s'en débarrasser, il l'offrit à un marchand de tabac. Le dernier eut à supporter trois accidents dans le même jour. Le verre de sa lampe se brisa trois fois; trois verres furent cassés dans la soirée; sa vitrine fut démolie, et lui-même fit une chute et se brisa le pied. De plus,

DEBUT DE PAGINATION

ses meilleurs clients, les Bectachi — ordre religieux qui a le lapin en horreur, — s'abstinrent ce jour-là de venir acheter du tabac chez lui.

IV. — *Le Hibou*. — Il ne faut pas faire la chasse aux hiboux. Si le hibou vient à chanter la nuit sur le toit d'une maison, quelqu'un des habitants mourra, ou il arrivera quelque grand malheur.

V. — *Hurlements du Chien*. — Les hurlements nocturnes d'un chien portent malheur. Ils annoncent la mort d'un habitant du quartier ou quelque grand incendie.

Pour faire cesser les hurlements et arrêter le mauvais sort, on retourne un soulier à l'envers, ou bien on enfonce un couteau dans une planche ; puis on récite par trois fois un verset du Coran recommandé pour cette circonstance.

VI. — *Le Miroir la Nuit*. — Il faut éviter de se regarder le visage, la nuit venue, dans un miroir. Cela porte malheur.

VII. — *Dernier Mercredi du Mois*. — Le dernier mercredi du mois lunaire est un jour néfaste. On se gardera donc soigneusement de rien entreprendre à pareil jour.

VIII. — *Le Mardi*. — Le mardi de chaque semaine est un jour néfaste. On n'entreprendra rien ce jour-là.

IX. — *Visites*. — Lorsqu'on a manqué aux visites que l'on doit rendre à ses parents ou à ses amis, la première fois qu'on s'y rend après cette absence, on vous dit : « Il vous faut verser de l'eau chaude sur votre pied ! » L'eau chaude chauffe le pied et oblige à aller fréquemment en visite.

X. — *Les Ongles*. — On ne doit se faire les ongles que le jeudi et le vendredi. Si on les faisait un autre jour, il arriverait malheur.

XI. — *Le Blanchissage le Dimanche*. — Il faut éviter de blanchir le linge le dimanche, car ce jour est maudit. Voici pourquoi :

Notre mère Fatimé — c'est ainsi que les Turcs désignent Fatime, fille de Mahomet, épouse d'Ali — se sentant prise par les douleurs de l'enfantement, alla demander l'aide d'une de ses voisines. C'était un dimanche. La voisine, occupée à blanchir son linge, s'excusa. Notre mère Fatimé alla chez une seconde qui s'excusa pour la même raison. Il en fut encore ainsi pour une troisième voisine. Aussi notre mère, indignée, s'écria :

« Malédiction sur la femme qui blanchit son linge le dimanche ! »

XII. — *L'Arc-en-ciel*. — L'arc-en-ciel est la ceinture de notre mère Fatimé. Si un garçon arrive à passer sous l'arc-en-ciel, il devient fille. Si c'est une fille, elle devient garçon.

XIII. — *Les Parties honteuses*. — On ne doit pas, en dormant, tenir les mains sur les parties honteuses. De grands malheurs urviennent dans la maison où quelqu'un désobéit à cette règle.

Ahmet-Nedjib, turc, né à Constantinople, nous a raconté que dans son enfance il se réveillait toujours les mains attachées à la côte. Il en demanda la raison à sa mère.

« C'est, lui répondit-elle, parce qu'une nuit on a trouvé tes mains touchant tes parties honteuses. »

Son père le réprimandait continuellement et allait jusqu'à le menacer de lui faire couper les mains.

« Veux-tu mon malheur ? lui disait-il. Veux-tu me réduire à la mendicité ? »

Et il lui racontait l'histoire d'un riche négociant qui, un jour, avait acheté une esclave. A partir de ce moment, ses affaires n'avaient plus marché ; sa fortune avait rapidement diminué. Il soupçonna que quelqu'un de sa maison lui portait malheur. Une nuit, il visita ses gens, les femmes et les enfants, et il s'aperçut que sa nouvelle esclave dormait les mains posées sur les parties honteuses. Il la menaça de lui faire couper les mains, mais elle n'en continua pas moins de dormir de la même façon. Et le négociant voyait toutes ses affaires aller de mal en pis. Enfin il alla consulter un *imam* et lui demanda — en lui en donnant les raisons — s'il avait le droit de faire couper les mains de son esclave. Le prêtre turc répondit affirmativement. Le négociant fit couper les mains de l'esclave et dès ce jour son commerce prospéra davantage que par le passé. Il devint si riche qu'il ne trouvait plus à placer ses capitaux.

XIV. — *Précautions pour se boutonner et se ceindre la taille*. — Lorsqu'on boutonne ses habits ou que l'on se ceint le corps, il faut tourner le dos à la personne qui pourrait être présente. Autrement, on attacherait sur soi le sort de cet individu ; on se rendrait malheureux et, surtout, on attirerait sur cette personne toutes sortes de malheurs.

XV. — *Le Vautour et la Cigogne*. — Le bon Dieu dit un jour au vautour et à la cigogne :

« Demandez-moi ce que vous voudrez, et je vous l'accorderai.

— Laisse-nous réfléchir ! demandèrent les deux oiseaux.

— Soit ! dit le Tout-Puissant. »

Le vautour et la cigogne tinrent conseil et se décidèrent à demander une vie longue de mille ans. Puis ils revinrent vers Dieu.

« Je veux vivre mille ans ! dit le vautour.

— Et moi, un an ! dit la cigogne par erreur. »

Dieu leur accorda ce qu'ils avaient demandé.

Voilà pourquoi le vautour vit mille ans et la cigogne un an.

XVI. — *La Serviette non pliée*. — Quand on est invité à dîner, il faut se garder de plier sa serviette à la fin du repas. Si on la

pliait — la fermait, — la table du maître se fermerait ; l'hôte ne
pourrait plus inviter ses amis. En laissant la serviette ouverte, la
table du maître reste ouverte ; la fortune de l'hôte s'accroît et
permet d'inviter à de nouveaux repas.

XVII. — *Le Poil des Narines et des Aisselles.* — Lorsque Adam
eut mangé le fruit défendu — le blé, — il fit pour la première fois
ses excréments. Ne sachant ce que c'était, il en porta à son nez,
et il leur trouva une odeur désagréable. Alors il s'essuya les mains
dans le creux des bras. Et depuis il lui poussa du poil dans les
narines et sous les aisselles.

XVIII. — *Les Israélites chauves.* — Comme Noé construisait
l'arche, les Juifs indignés vinrent pisser et faire leurs ordures sur
la barque. Noé les maudit en disant :

« Que les cheveux leur tombent de la tête ! qu'ils deviennent
chauves ! qu'ils ne retrouvent leurs cheveux qu'en se frottant la
tête dans leurs ordures ! »

Les Juifs devinrent chauves. Quelques-uns se frottèrent la tête
dans leurs excréments et virent repousser leur chevelure.

C'est à cause de cette malédiction de Noé que ceux des Israélites qui ne frottèrent pas leur tête de la manière indiquée, ont
la tête chauve.

XIX. — *Le Sommeil des Chiens.* — Dieu conseilla aux chiens de
ne pas dormir auprès des murs, par crainte d'un écroulement subit.

C'est pour cette raison que le chien va dormir au milieu de la
rue et ne se couche jamais contre une muraille.

XX. — *Le Renard.* — On ne doit jamais faire la chasse au
renard, car cet animal invoque le nom du Prophète.

XXI. — *La Perdrix.* — Il faut chasser la perdrix. Cet oiseau
fit connaître aux Yésids l'endroit où s'étaient cachés Hassan et
Hussein.

XXII. — *Le Chevreuil, la Gazelle et le Cerf.* — On ne doit point
chasser le chevreuil, la gazelle, ni le cerf. Les saints prennent
souvent la forme de ces animaux. Les saints s'en servent aussi
comme de brebis ; ils en tirent du lait.

On raconte qu'un saint vivait du lait qu'il prenait à une gazelle.
Un jour celle-ci renversa le vase dans lequel l'ermite faisait la
traite. Le saint la maudit :

« Sois maudite ! qu'un chasseur te rencontre et qu'il te tue d'un
coup de fusil ! »

Peu après, un chasseur aperçut la gazelle et la tua.

Alors le saint maudit le chasseur :

« Sois maudit ! que la main qui a tiré sur la gazelle soit frappée
de paralysie ! »

Et la main du chasseur fut paralysée.

XXIII. — *Coquilles d'œufs, Pelures des oignons et des aulx.* — Il ne faut pas brûler les coquilles d'œufs ni les pelures des oignons et des aulx. On ne doit pas davantage les jeter dans les ordures. Autrement la maison s'appauvrirait.

XXIV. — *La nouvelle Lune.* — Lorsqu'on voit pour la première fois la nouvelle lune, il faut prendre une pièce de monnaie, la regarder un instant en l'élevant vers la lune, puis la remettre dans sa bourse. Ainsi la bourse sera toujours pleine d'argent.

XXV. — *L'Hirondelle.* — Au printemps, quand on voit la première hirondelle, on doit appuyer assez fort sur le gros orteil de l'un des pieds et faire trois tours sur soi-même en recitant une prière spéciale tirée du Coran. Le pouce du pied a formé un trou dans le sol ; en fouillant en cet endroit, on trouvera des morceaux de charbon. Ce charbon est un talisman. Le démon, qui a pour habitude de se tenir sur la tête du premier bœuf du troupeau, est rendu visible à l'homme qui possède le talisman. Le diable est coiffé d'un bonnet ; c'est ce bonnet que l'on doit lui dérober. Pour cela, on jette le talisman à la tête du premier bœuf et on prend le bonnet. Sur le champ, il faut entrer dans une mosquée ou franchir un cours d'eau, car le démon ne peut entrer dans les lieux sacrés ni traverser un ruisseau ou une rivière. Parfois, cependant, le démon est plus agile que l'homme. Il le rejoint et lui touche le c...; à l'instant, le bonnet disparaît. Il n'est pas rare de rencontrer des gens dont les habits sont toujours déchirés au derrière ; ces hommes ont été touchés par le diable.

Le bonnet du démon est un talisman qui rend invisible et qui permet d'entrer dans les endroits les mieux gardés, les bâtiments mûrés de partout, comme les tours où sont enfermés les trésors.

XXVI. — *Les Agonisants.* — Satan se présente aux agonisants qui toujours souffrent de la soif, et il leur offre à boire sous cette condition qu'ils se prosterneront devant lui et deviendront ses serviteurs. Pour éviter cette tentation aux moribonds, on leur donne fréquemment à boire.

XXVII. — *Vampires.* — Si un chat vient à entrer dans la chambre d'un moribond, ou s'il passe sur son corps, l'agonisant une fois mort deviendra vampire. Il en serait de même si un chat sautait par-dessus un tombeau.

XXVIII. — *Soleil et Pluie.* — S'il vient à pleuvoir pendant qu'il fait du soleil, on dit que la louve est en train de mettre bas ses enfants.

XXIX. — *L'Eau.* — Quand Dieu eut fait l'eau, celle-ci resta stagnante. Le Seigneur lui montra son visage divin et l'eau, charmée de voir la face du Tout-Puissant, se mit à couler. Elle

coule toujours par vallées et par prairies dans l'espoir de revoir
le visage de Dieu.

XXX. — *Le Pain.* — Quand on trouve un morceau de pain tombé
par terre, il faut le ramasser, le baiser et le mettre dans un trou.
Marcher sur un morceau de pain est un énorme péché.

XXXI. — *Manuscrits et Livres.* — Il ne faut pas laisser tomber
par terre les morceaux d'un livre, d'un manuscrit ou de tout
papier sur lequel des lettres sont tracées. Quelqu'un pourrait
marcher sur ces fragments et ce serait un énorme péché, car les
morceaux peuvent contenir le nom de Dieu ou l'*élif* (1) initial du
nom du Tout-Puissant.

XXXII. — *Chant du Coq.* — Si un de vos coqs chante avant
minuit, c'est un mauvais augure. Empressez-vous de lui couper la
tête.

XXXIII. — *Les Chiens.* — Si les chiens jouent entre eux joyeuse-
ment dès le matin, c'est un présage. Attendez-vous à une violente
tempête sur la mer.

XXXIV. — *Le Chat.* — Si le chat se lave les pattes en se tournant le visage vers la porte de la chambre, c'est un présage.
Quelqu'un va venir en visite, ou quelque ami d'un pays lointain
va revenir inopinément.

XXXV. — *Noirs et Blancs.* — Après la désobéissance, Adam
fut chassé du Paradis ; il perdit la couleur de son corps et devint
noir. Plus tard, Dieu ordonna aux hommes de jeûner les 13, 14
et 15 du mois de Mouharrêm et qu'ainsi il leur donnerait une
peau blanche. Adam et les nègres n'ont conservé que les ongles
de l'état primitif de l'homme de l'Eden.

XXXVI. — *Le mois de Séfer.* — Le mois de Séfer est le deuxième
de l'année lunaire. En ce mois, on ne doit ni se marier, ni voyager,
ni s'habiller de vêtements neufs, ni changer de logement, ni enfin
commencer aucune entreprise. Rien ne réussit en Séfer.

XXXVII. — *Le Couvert.* — A table, chaque convive doit toujours
se servir du même couvert. Si un voisin prend votre couvert,
attendez-vous à vous brouiller avec lui ; s'il est plus fort que vous,
il vous battra.

Si par erreur on vous offre un couvert qui n'est point le vôtre,
mordez la pointe de la cuiller et portez-la à votre oreille droite.
Ainsi vous conjurerez le mauvais présage.

XXXVIII. — *Serment violé.* — Celui qui viole un serment peut
en obtenir le pardon. Il doit acheter trois oques de pain et les

---

(1) *Elif*, première lettre de l'alphabet turc.

distribuer aux chiens après avoir tourné le pain de droite à gauche trois fois au-dessus de sa tête.

Ou bien, il donne de l'argent aux pauvres après avoir passé cet argent de la même façon autour de sa tête.

XXXIX. — *Le Chien, le Chat, la Souris, l'Epicier.* — Un chien ayant trouvé un billet, le donna à garder à un chat. Le chat cacha le billet dans un trou. La souris vola le billet et le cacha dans un sac. Un épicier prit le billet et s'en servit pour envelopper du fromage.

Le chien réclama un jour le billet au chat. Le chat dit que la souris l'avait volé. Le chat réclama le billet à la souris. La souris dit que l'épicier l'avait emporté dans sa boutique et en avait enveloppé son fromage.

C'est pour cela que le chien poursuit le chat pour lui réclamer son billet. Le chat poursuit la souris en lui demandant le billet. La souris s'introduit dans les sacs des boutiquiers pour y chercher le billet.

XL. — *Le roi des Serpents.* — Chah-Miran est le nom du roi des serpents. Quand on voit un serpent, on lui dit : « Au nom de Chah-Miran, éloigne-toi et cache-toi! » Le serpent disparaît aussitôt.

Chah-Miran est mort, mais les serpents l'ignorent. Autrement ils auraient déjà dévoré l'espèce humaine. La crainte de Chah-Miran est la seule raison qui les empêche de détruire les hommes.

XLI. — *L'Armoire.* — Ne laissez jamais une armoire ouverte, car vous permettriez à vos ennemis de vous calomnier.

Quand vous fermez une armoire, vous fermez la bouche de vos ennemis.

XLII. — *Le Coucher du Soleil.* — Après le coucher du soleil, il faut éviter de cracher par terre, de jeter des pierres ou de pisser dans un endroit qui n'est pas destiné à ce besoin. Autrement, ce serait cracher et pisser sur l'assemblée des démons qui se réunissent au crépuscule, et ce serait les lapider. Les démons se vengent en possédant et en torturant ceux qui les ont ainsi maltraités.

XLIII. — *L'eau par la fenêtre.* — Pour la même raison, on ne doit point jeter de l'eau par la fenêtre durant la nuit.

Si on est obligé de le faire, il ne faut pas manquer d'invoquer en même temps le nom du Prophète ou celui de Dieu.

XLIV. — *Fontaines, Voiries, Caves.* — La nuit venue, on évitera de s'approcher des fontaines, des voiries, des caves, des lieux où l'on jette des balayures. Invoquât-on le nom de Dieu, on n'en serait pas moins possédé des démons et l'on se verrait aussitôt transformé en tortue.

XLV. — *Tremblements de terre*. — La terre est appuyée sur la corne d'un bœuf blond qui, pour se débarrasser d'un moucheron qui l'importune, secoue parfois la tête violemment. C'est ce mouvement du bœuf qui produit les tremblements de terre.

XLVI. — *L'arbre de Vie*. — Il existe un arbre merveilleux qui porte une multitude de feuilles sur lesquelles sont inscrits les noms de tous les vivants.

Quand un homme tombe malade, la feuille qui porte son nom jaunit et s'étiole. Si la feuille tombe, l'homme meurt aussitôt.

XLVII. — *Etoiles filantes*. — Chaque homme a son étoile au ciel.

Quand une étoile tombe sur la terre *(étoile filante)*, c'est que quelqu'un vient de mourir.

XLVIII. — *Démangeaisons*. — Les démangeaisons aux mains annoncent qu'on va recevoir de l'argent.

Les démangeaisons aux pieds annoncent qu'on va faire une longue course, un long voyage.

Pour les écoliers, ces dernières démangeaisons leur annoncent qu'ils seront punis et qu'ils recevront des coups de bâton sur la plante des pieds.

XLIX. — *Oreille rouge*. -- Si l'on vous accuse, si l'on parle en mal de vous en quelque endroit que ce soit, votre oreille droite deviendra immédiatement rouge.

L. — *Tintements d'oreille*. — Quand l'oreille nous tinte, c'est que quelqu'un de nos amis ou de nos ennemis s'entretient de nous.

Si l'on veut savoir le nom de cette personne, on énumère les noms de tous ses amis et de tous ses ennemis. Quand l'oreille cesse brusquement de tinter, c'est qu'on vient de prononcer le nom de celui qui parle de nous.

LI. — *L'ami absent*. — Quand on s'entretient d'un ami absent, il est d'usage de dire :

« Que l'oreille lui tinte ! »

LII. — *Pièce de monnaie*. — Le premier jour du mois de Mouharrêm est le jour de l'An chez les Turcs. On se donne entre amis une petite pièce de monnaie que l'on garde soigneusement dans sa bourse. Cette pièce donne grande abondance d'argent.

LIII. — *La fève de l'Achoura*. — On torréfie une des fèves dont on fait l'Achoura pendant le mois de Mouharrêm, et on la met dans sa bourse. Tant que cette fève est dans la bourse on n'éprouve aucun embarras d'argent.

Dans le même but, les chrétiens mettent dans leur bourse une vieille monnaie sans valeur.

LIV. — *L'Ail et le Cumin.* — On attache à l'intérieur du *fez* (coiffure) un morceau d'ail et quelques graines de cumin noir. Ainsi on se préserve du hâle et des insolations.

LV. — *La Foudre.* — La foudre ne tombe jamais sur les lieux fréquentés par les démons, c'est-à-dire les églises chrétiennes, les lieux d'aisances, le seuil et le voisinage des portes.

Par contre, elle atteint les mosquées et les minarets.

LVI. — *L'âne.* — Si l'âne brait pendant la nuit, c'est que le lendemain il y aura une fête grecque.

LVII. — *L'âne.* — Satan joue mille tours à l'âne. Il s'approche doucement de lui, et dit :

« Toutes les ânesses de la terre viennent de mourir ! »

Le pauvre animal se met à braire et à se lamenter en criant :

« *Hi ! han ! hi ! han !* »

Satan, touché de cette explosion de douleur, dit à l'oreille du baudet :

« *Il en reste encore une !* »

Et l'âne donne aussitôt des marques de satisfaction en changeant le rythme de sa voix :

« *Hahaha !... ha... hazaaha !* »

Il est heureux d'espérer que cette dernière ânesse sera pour lui !

LVIII. — *Pain du Sultan.* — Si un enfant est atteint d'aphasie ou de mutisme, on lui donne un morceau de pain desservi de la table du Sultan. Dès qu'il a mangé ce pain, il se met à parler.

LIX. — *Simulacre d'enfant.* — Si une femme accouche d'enfants qui ne survivent pas, la sage-femme fait un mannequin d'enfant, le recouvre de langes, le porte un vendredi ou un dimanche au mausolée d'un saint, et l'y laisse pendant huit jours.

Le huitième jour, elle porte ce simulacre chez la femme et l'attache à la muraille dans la direction de la Mecque.

Quand la femme accouche, on enveloppe l'enfant dans les langes du mannequin. Ainsi l'enfant survivra.

LX. — *Les chiens de Constantinople.* — A Constantinople, les rues fourmillent de chiens. Si, allant en compagnie, un chien passe entre vous et vous sépare, c'est un mauvais présage. On se brouillera bientôt.

Pour conjurer le sort, les amis entrelacent les petits doigts et les serrent l'un à l'autre.

LXI. — *Herbe à l'Homme.* — *Insan-Othou.* — Les racines de cette plante sont fort enfoncées dans le sol et ressemblent à un homme. En les déracinant, elles poussent un cri horrible. Ce cri fait mourir aussitôt celui qui l'entend.

Pour conjurer ce danger, il faut prendre certaines précautions. Après avoir fouillé la terre, on attache un chien à la racine, on met tout auprès de la nourriture, puis on s'éloigne afin de ne pas entendre la voix de l'*Insan-Othou*. Le chien mange, puis veut s'échapper. Il déracine la plante et meurt aussitôt à l'ouï du cri.

Cette racine guérit de toutes les maladies.

(Il est probable qu'il est ici question de la mandragore.)

LXII. — *La Place de Sultan-Bajazet.* — Lorsqu'on est sans nouvelles d'un parent ou d'un ami, on va — les femmes principalement — sur la Place de Sultan-Bajazet, on achète du grain et on le donne aux pigeons qui sont très nombreux en cet endroit. Grâce à cette offrande, on reçoit bientôt des nouvelles de l'absent.

LXIII. — *La Jaunisse.* — Dans le quartier turc Teucmédjiler, aux environs de la mosquée Suléimaniée, il y a un bain chaud dans lequel on voit un vase de bronze renfermant des fragments d'une tasse de faïence. Cette tasse servait à Suléiman, le législateur, lorsqu'il voulait boire.

Demandez à une femme turque :

« Comment guérit-on la jaunisse ?

— Allez, vous répondra-t-elle, boire, à jeûn, une fois ou trois fois dans la tasse de Suléiman, et vos serez guéri ! »

Les garçons du bain sont fort obligeants. Ils donnent à boire au premier venu.

LXIV. — *Les premières Cerises.* — La douane aux fruits frais de Constantinople offre un drapeau turc au premier capitaine qui apporte les cerises nouvelles. Aussi c'est à qui qui apportera les premières cerises, ne fût-ce que deux ou trois.

LXV. — *Les Concombres.* — Quand on mange des concombres, on en découpe le bout que l'on s'attache au front.

II

SUPERSTITIONS & CROYANCES DES CHRÉTIENS GRECS DE CONSTANTINOPLE.

I. — *Les Enfants.* — Les enfants doivent être empêchés de répéter continuellement : « *J'ai faim ! j'ai faim !* » Un enfant qui prend cette mauvaise habitude finit par manger un de ses parents *(c'est-à-dire qu'un de ses parents mourra.)*

II. — *Ciseaux ouverts.* — Si quelqu'un dort dans la maison au moment du passage d'un convoi funèbre, on doit placer sur lui une paire de ciseaux ouverts. On coupera ainsi les pieds de Charon qui ne pourra plus enlever dans l'autre monde la personne endormie.

III. — *L'Encens.* — On ne doit pas faire brûler d'encens lorsque quelqu'un est endormi ou simplement couché, car ce serait donner de l'encens à un mort.

IV. — *Les Joues et les Dents.* — Si l'on met les mains sur les joues ou sur les dents, on fait mourir un de ses parents.

V. — *Le Repas.* — Quand la table est préparée pour le repas, on a soin d'y placer un morceau de pain ; ensuite seulement on se met à table. L'ange de Dieu prend ainsi possession de la table.

Si on oubliait le pain, le Diable présiderait le repas.

VI. — *Le Feu.* — Après le coucher du soleil, il faut se garder de donner du feu à son voisin, si on ne veut pas en même temps lui donner sa fortune.

VII. — *Les Mains.* — Lorsque l'on fait cuire du poisson, des pommes de terre, ou n'importe quelle chose, il faut éviter de se frotter les mains. Autrement on rejetterait sa fortune.

VIII. — *Le Mastic.* — Après le coucher du soleil, évitez de mâcher le mastic, car cette gomme se transformerait en ossements et ces ossements seraient ceux de vos parents défunts.

IX. — *Les Ongles.* — Si on se faisait les ongles le mardi, on couperait sa vie.

X. — *Balayage.* — Si on balaye sa maison après le coucher du soleil, on balaye en même temps sa fortune.

XI. — *Mensonge.* — Quand le père ou la mère sont sortis, il faut se garder de mentir pour s'amuser en disant : « Voilà le père ! » ou : « Voilà la mère ! »

Autrement le père ou la mère reviendrait fort en colère.

XII. — *Ciseaux ouverts.* — Ne laissez point les ciseaux ouverts si vous ne voulez laisser ouverte la bouche de vos ennemis.

XIII. — *Nouvelle Accouchée*. — Ne laissez rendre visite à la nouvelle accouchée qu'après avoir fait attendre quelques instants le visiteur dans l'antichambre.

XIV. — *Visites*. — Pour vous débarrasser d'un visiteur qui vous ennuie, mettez du sel dans ses souliers. (1)

XV. — *Chaussure retournée*. — Quand la pantoufle ou le soulier est mis sens dessus dessous, le possesseur de cette chaussure meurt peu de temps après.

XVI. — *Dernière bouchée*. — Quand on dîne chez un ami, il faut manger son pain en entier jusqu'à la dernière bouchée. Si on en laissait le moindre morceau, on connaîtrait tous nos secrets en mangeant ce reste.

XVII. — *Enjambement*. — On ne doit pas passer — en enjambant — par dessus une personne couchée sur le sol. Autrement la taille de cette personne ne pourrait plus augmenter.

XVIII. — *Oiseau noir*. — *Poule qui chante le coq*. — Si un oiseau noir chante sur le toit, si une poule se met à coqueriquer, c'est de mauvais augure ; quelqu'un va mourir dans la famille.

XIX. — *Les Cheveux*. — On ne doit jeter les cheveux que dans les lieux d'aisance. Si on les jette ailleurs, on disperse sa fortune.

XX. — *Chien hurlant*. — Lorsqu'un chien hurle dans une maison, il annonce la mort de l'un des habitants.

XXI. — *Mains entrelacées*. — Il ne faut pas entrelacer les mains en dormant. Ce serait enfermer sa fortune.

XXII. — *Le Trépied*. — Quand la cuisine est préparée, on ne doit pas laisser le trépied sur le feu ; le démon accourrait aussitôt préparer son repas sur ce trépied.

XXIII. — *Balayage*. — On ne balaye pas une maison que l'on veut louer, sinon on balayerait la fortune, et cette maison ne pourrait être louée de longtemps.

XXIV. — *Id*. — Si un locataire veut causer des ennuis à son propriétaire, il balaye la maison à l'envers, c'est-à-dire en allant de la porte à la fenêtre. Cette maison ne pourra plus se louer que difficilement.

XXV. — *Les Ongles*. — Si l'on vient à se faire les ongles dans une boutique, le boutiquier s'empresse de vous en empêcher, car on porte malheur à l'établissement et les pratiques diminuent aussitôt.

(1) En Orient, on enlève ses chaussures en entrant dans un appartement.

XXVI. — *Marcher à l'Ours*. — Lorsqu'un enfant marche *à l'ours*, c'est-à-dire sur les pieds et sur les mains, c'est un présage. Des amis vont venir et on leur donnera l'hospitalité.

XXVII. — *Enfant qui ne parle pas*. — Quand un enfant ne peut pas parler, on le mène à l'aube vers une église qui n'est pas encore ouverte. On ne parle à personne et on ne salue qui que ce soit. Avec la clef de l'église, le suisse fait trois fois le signe de la croix autour de la serrure ; puis il tourne cette même clef trois fois dans la bouche de l'enfant. Il ouvre la porte de l'église avec la clef ; celui qui porte l'enfant allume des cierges et fait sa prière devant les saintes images. On répète cette cérémonie trois samedis successifs, et l'enfant se met à parler.

XXVIII. — *Nouvelle Accouchée*. — Si l'on entre chez une nouvelle accouchée sans se reposer dans l'antichambre, on communique sa fatigue à l'enfant qui devient malade et infirme.

Pour guérir cet enfant, on le lave avec de l'eau ordinaire un vendredi soir, et l'on met cette eau dans une bouteille. Le lendemain samedi, on conduit l'enfant à l'église dès la pointe du jour sans parler à qui que ce soit et même sans saluer. Le suisse, prévenu de la veille, conduit le visiteur à l'endroit où est la bière commune. Et là, s'adressant au sarcophage, le parent de l'enfant dit par trois fois :

« Rends la santé à mon enfant ! »

Et, ce disant, il brise la bouteille remplie la veille. L'enfant revient ainsi à la santé.

XXIX. — *Eau bénite des sept ayiasma*. — Quand une personne est atteinte de quelque maladie, il faut prendre de l'eau bénite dans sept *aglasma* (1), et la mettre dans un vase. Celui qui est chargé de cette commission ne doit ni parler ni saluer. On dépose le vase dans le sanctuaire d'une église, le Jeudi-Saint au moment de la clôture des douze évangiles.

Pendant la messe de la nuit de Pâques, au moment où le prêtre chante : « Jésus est ressuscité ! » on verse l'eau bénite sur la tête du malade et on lui déchire ses vêtements. Cette cérémonie le guérit. (Il faut se garder de laisser tomber l'eau des sept *aglasma* sur le sol.)

XXX. — *Maux d'oreilles*. — Pour guérir les maux d'oreilles, il suffit de tremper un peu de coton dans la lampe à huile de Saint-Spyridon et de l'appliquer sur l'oreille souffrante.

(1) *Ayiasma*, en grec, signifie fontaine d'eau sacrée ou bénite pouvant guérir les maladies.

XXXI. — *Convoi funèbre.* — Quand passe dans la rue un convoi
funèbre, une femme enceinte doit se tenir debout devant la bière,
une nouvelle accouchée doit élever son enfant au-dessus du cer-
cueil. Autrement l'enfant à naître, ou le petit enfant, dépérirait
et deviendrait infirme.

XXXII. — *Après un accouchement.* — Pendant les quarante
jours qui suivent la délivrance, il est interdit d'entrer après le coucher du soleil dans la chambre de la nouvelle accouchée.

S'il est indispensable d'entrer dans la chambre, on va pisser,
puis on met une lampe allumée sur le seuil de l'appartement et l'on
passe par dessus en enjambant.

Une fois que la porte de la chambre est ouverte, il n'est plus
permis de la fermer avant le chant du coq. Malheur à celle qui ne
ferait point observer cette règle ! Son enfant serait infirme ou
mourrait lentement.

Cependant on peut conjurer ce malheur. Voici comment :

Au point du jour, on ira au cimetière — sans parler ni saluer —
prendre de la terre sur une tombe où l'on vient d'inhumer une
personne morte un ou deux jours auparavant, sans qu'un samedi se
soit passé.) On ne pourrait prendre la terre sur la tombe d'un
individu enterré le jeudi ou le vendredi.) On retournera chez soi
par un chemin différent de celui qu'on avait suivi. On achètera de
l'essence, du sucre de trois espèces et on les placera avec la terre
sous les coussins de l'enfant malade. On laissera ces choses durant
trois jours. Puis on lavera les mains, les pieds et le visage de l'enfant avec l'eau des sept *aglasma* ; à l'aube, on retournera au cimetière (un jour qui soit dans les mêmes conditions que celui où l'on
a pris la terre), et l'on jettera autour de la tombe les trois sortes
de sucre, l'essence et la terre en les répandant de gauche à droite
et en s'avançant jusqu'à la tête du tombeau ! Arrivé là, on brisera
la bouteille d'eau bénite. Puis, on ira à l'église, on allumera des
cierges devant les *ikones,* on fera une prière et on reviendra par
une route différente de la première. — Ainsi l'enfant sera guéri.

XXXIII. — *Parler du serpent.* — On ne doit point parler du
serpent pendant la nuit ; autrement on donnerait à ses ennemis
l'occasion de vous accuser et de vous calomnier.

XXXIV. — *Le nombre 15 chez les Arméniens.* — Le nombre 15
énoncé choque les Arméniens. Leur dire « quinze ! » c'est les
insulter, les traiter d'infâmes ou de cocus. Les Arméniens n'ex-
priment jamais ce nombre.

XXXV. — *Mouchoir noué.* — Quant on veut se souvenir d'une
chose ou d'une commission, on fait un nœud à son mouchoir, ou
l'on s'attache un fil au bout du petit doigt.

XXXVI. — La *Belle-Mère*. — S'il vient un ami au milieu du repas, on lui dit :

« Donnez-vous la peine de manger, votre belle-mère vous aime ! »
S'il arrive à la fin, on dit :
« Votre belle-mère ne vous aime pas ! »

XXXVII. — *Le Cauchemar*. — Le cauchemar est un mauvais génie qui vient vous suffoquer pendant le sommeil. Ce démon a la tête couverte d'un bonnet. Si l'on se réveille lorsque le cauchemar s'approche, il faut avancer doucement la main, enlever le bonnet du démon et le placer sur les parties honteuses. Le mauvais génie n'ose point le reprendre.

Si on n'a point la précaution de cacher le bonnet à l'endroit indiqué, le cauchemar le reprend de quelque force que l'on soit pour lui résister.

Pour rentrer en possession de son bonnet, le démon se fait humble et suppliant. Il promet de l'argent, de l'or, des bijoux. Mais tout ce qu'il donne se change en noir charbon aussitôt qu'il a obtenu ce qu'il désire.

Dès que l'on possède le bonnet du cauchemar, on obtient tout ce que l'on peut désirer. Ce bonnet rend invisible et permet d'entrer à l'intérieur des palais, chez les femmes, chez les jeunes filles.

XXXVIII. — *Le Caleçon*. — En se couchant, il ne faut pas laisser noués les cordons du caleçon, car ce serait nouer la fortune et nous priver de tout bonheur.

XXXIX. — *Le Pain*. — Si le pain est posé sens dessus dessous sur la table, il arrivera quelque malheur dans la maison.

XL. — *Jour de Saint-Basile*. — Le jour de la fête de Saint-Basile arrive le jour de l'An. Au point du jour, on va vers une fontaine emplir une cruche d'eau. On ouvre la fontaine et on la laisse couler en disant :

« Que ma fortune coule aussi facilement et aussi abondamment que l'eau de cette fontaine ! »
Puis on rentre chez soi sans regarder en arrière.

XLI. — *Le Chat*. — Si le chat, après s'être lavé, regarde vers la porte, c'est un présage. Il viendra prochainement un ami ou un étranger auquel nous offrirons l'hospitalité.

XLII. — *Le Chat*. — Lorsqu'au lieu de dire *psitt* à un chat, pour le chasser, on dit *ousth* (expression employée pour chasser le chien,) c'est qu'un ami ou un étranger va venir demander l'hospitalité.

XLIII. — *Les Enfants*. — Lorsque les petits enfants se prennent de querelle, ils se décident parfois à cesser toutes relations. Pour le déclarer, ils portent les deux petits doigts des mains à chaque coin de la bouche qu'on élargit quelque peu ; puis on entrelace les mêmes doigts et les serrant et desserrant par trois fois. Parfois on accomplit ce dernier rite de concert avec le petit adversaire, chacun donnant un doigt.

Pour se réconcilier on entrelace les index.

XLIV. — *Le Hibou*. — Si le hibou vient percher sur le toit d'une maison, c'est l'annonce de quelque malheur. Il est impossible de chasser l'oiseau, soit en lui jetant des pierres, soit en le poursuivant de toute autre façon. Il n'y a qu'un moyen de faire fuir le hibou, c'est de lui jeter des oignons.

XLV. — *Les Dents*. — Si les dents poussent tard à un enfant, on offre à l'église des *collyca* (1), on en distribue aux enfants, et on en forme des chapelets qu'on attache au cou de l'enfant dont la dentition est retardée. Ce chapelet ne doit avoir que 32 grains.

XLVI. — *Les Lentilles*. — Le Vendredi-Saint, il est d'usage de manger des lentilles. On dit que Notre-Dame portant le deuil de son fils crucifié, ne mangea que des lentilles en ce jour du Vendredi-Saint.

C'est sans doute pour la même raison qu'à Indgé-Sou — Césarée — les femmes ne mangent que des lentilles le jour du départ d'un mari, d'un fils ou d'un parent...

III

SUPERSTITIONS ET CROYANCES CHRÉTIENNES DES ENVIRONS DE CONTANTINOPLE

I. — Si on dit d'une personne dont on ne reçoit pas de *nouvelles* qu'elle est morte et qu'elle soit vivante, cette personne vivra de longues années.

II. — On n'a pas de douleurs de corps, si chaque fois qu'on mange du *concombre amer*, on ne dit pas qu'il est amer.

III. — Par les temps orageux, pour éviter la *foudre*, on fait le signe de la croix sur la porte de la maison avec un couteau à manche noir qu'on enfonce ensuite profondément dans la porte.

IV. — Le jour de *Saint-Syméon* — 3 février, — les femmes enceintes doivent assister aux vêpres et à la messe, et s'abstenir de tout travail. Si une femme enceinte travaille ce jour-là par oubli, ou si elle le fait en ne donnant pas d'importance à cette superstition, surtout si on lui a fait remarquer qu'on ne doit pas travailler le jour de Saint-Syméon, — l'enfant qu'elle mettra au monde portera sur le corps le signe du travail. Les jeunes filles nouvellement mariées suivent le même usage.

(1) *Collyvas*, blé cuit offert en mémoire des morts.

V. — Si le *tonnerre* est tombé quelque part, on fait en cet endroit pendant quarante jours, certaines pratiques de dévotion qui consistent à offrir des essences. Au bout de quarante jours, on creuse le sol et l'on trouve un certain métal qu'on réduit en poudre et qu'on fait boire dans de l'eau aux malades souffrant de spasmes et de palpitations de cœur. Le malade revient à la santé au bout de quelques jours.

VI. — Le *premier samedi de Carême*, on célèbre la fête de *Saint-Théodore*. La veille, les jeunes filles préparent des *collyras* (1) qui, après avoir été bénits, sont distribués à des jeunes filles de connaissance. Le jeune homme ou la jeune fille qui veut voir sa future ou son futur, doit, après le coucher du soleil, semer des grains d'orge dans un coin du jardin. On recouvre le semis d'un manteau rouge sur lequel on place un couteau à manche noir tout en murmurant cette incantation : « *J'ai semé mes semences ; à minuit je reviendrai les moissonner.* » On place sous son chevet des grains de *collyras* et l'on se couche. Le jeune homme, ou la jeune fille, que l'on voit en songe, est le futur ou la future.

VII. — On se garde de se *baigner dans la mer* avant que l'écorce de la *pastèque* ne tombe sur le sol (c'est-à-dire avant la maturité de la pastèque.)

VIII. — A la *Saint-Georges*, le premier et le dix du mois de mai, on recueille des fleurs dans les champs. Ces fleurs sont mises à bouillir dans un chaudron. On se baigne dans cette eau en s'y plongeant jusqu'au cou durant deux ou trois heures. Par ce bain, la *femme stérile* devient féconde, et l'on guérit infailliblement toutes les douleurs du corps.

IX. — Pour se préserver de la *petite vérole*, on avale trois grains de *collyras* de la sainte Varvara avant de prendre aucune nourriture. La fête de sainte Varvara tombe le 4 décembre.

X. — *Si une poule chante comme un coq* en se tournant vers l'Orient, quelqu'un mourra dans la maison ; si elle chante tournée vers l'Occident, il arrivera un hôte dans la maison. Dans le premier cas, on se hâte de l'égorger.

XI. — Dans une maison où il y a un *mort, on met la nuit un voile sur le miroir*. Quelqu'un qui se serait miré deviendrait de la même couleur que le cadavre.

XII. — Après la mort d'une personne dans une maison, on n'y mange pas de *viande* pendant quelques jours, parfois pendant quarante jours.

XIII. — Pendant *la nuit*, on ne donne ni *sel*, ni *vinaigre*, ni *vases de cuisine* à un voisin. Si, dans la maison, il y a un nouveau-né, on ne donne pas non plus de pain.

XIV. — *Quand on a reçu du lait en cadeau,* on ne rend le vase qu'après y avoir versé de l'eau. Autrement les mamelles des bêtes laitières se tariraient.

XV. — Le dernier dimanche du Carnaval, tous les membres d'une famille doivent danser. Si on négligeait de le faire, les poules ne couveraient pas.

XVI. — Le jeudi de la dernière semaine du Carnaval, dans toutes les maisons, on égorge des poules, des coqs, ou d'autres oiseaux domestiques, pour la nourriture des membres de la famille jusqu'au dimanche. Les plumes sont jetées dans la rue afin d'augmenter la couvée des oiseaux.

XVII. — *On ne prête pas d'œufs pour la couvaison.* On croit que les poules ne couveraient plus si on prêtait des œufs.

XVIII. — A Trillia (1), on ramasse la *cendre* produite pendant les *douze jours* (de Noël à l'Epiphanie). La veille du jour des Rois, à la pique du jour, on jette cette cendre autour de la maison en vue de ne pas laisser entrer dans l'habitation les fourmis au printemps. Ces fourmis détruiraient les vers à soie.

XIX. — A Hautsa (2), *dès qu'une femme est accouchée,* elle doit, avant d'aller se reposer dans son lit, enjamber des *pincettes* et des *balais.* Elle se met ensuite au lit. Alors elle se couvre la tête avec les *guêtres* de son mari. Et dans cet état, elle entend les prières et les bénédictions du prêtre, et peut se reposer.

XX. — Quand un nouveau-né entre pour la première fois dans une maison, on lui offre un œuf, du coton et du pain, en lui souhaitant : « *Qu'il vive longtemps ! qu'il devienne un vieillard ! Que les cheveux lui blanchissent comme le coton !* »

XXI. — A Stansa et aux environs de Rodosto, quand l'enfant est à même de marcher seul, sa mère lui donne un *petit panier contenant du café, du sucre, des oignons.* L'enfant va chez sa grand'mère et lui offre le panier en lui baisant la main.

XXII. — A Constantinople, le *troisième jour de la naissance d'un enfant, pendant la nuit,* il y a grande illumination dans la maison. Toutes les chambres sont éclairées. On croit que la Parque visite cette nuit-là la maison. Elle est enchantée de voir la maison bien éclairée, et elle accorde un destin heureux au nouveau-né.

Dans quelques villages, ce troisième jour, on emprunte des bijoux et des pièces d'or qu'on dépose sous le chevet de l'enfant. La parque visite la maison, voit ces bijoux, s'en réjouit et donne bonne chance au nouveau-né.

(1) Village sur le golfe d'Ismith.
(2) Village de Thrace, sur la mer de Marmara.

XXIII. — A Strantsa et aux environs de Rodosto, celui qui voit la *première dent* d'un enfant, en fait part à la mère qui lui donne un *pidé* — mot turc signifiant un pain très plat en forme de ruban long, large et souple.

XXIV. — En Thrace, les Chrétiens et les Turcs, après avoir coupé les *premiers ongles* du nouveau-né avec un grand respect religieux, jettent les rognures dans la bourse du père. On fait en même temps entrer la main droite de l'enfant dans la bourse. Tout ce que tient l'enfant dans la main appartient au père. Par cette cérémonie, l'enfant ne devient pas voleur.

XXV. — On ne laisse jamais un *nouveau-né seul dans une chambre*. Cela lui porterait malheur.

XXVI. — Aux environs de Rodosto, les parents et les amis vont le troisième jour visiter la femme qui vient d'accoucher. On lui offre du bouillon et l'on bénit le nouveau-né en lui offrant une petite *pièce de monnaie*. Les gens de la maison offrent aux visiteurs du raisin sec, des confitures et des pains rôtis.

XXVII. — Les habitants de Phanaraki gagnent leur vie à la pêche. Pendant la saison de la pêche, *les femmes accouchées* s'abstiennent pendant quarante jours de manger des *pélamydes* et des *turbots*. Si elle mangeait de ces poissons, le bateau qui les aurait pêchés n'en prendrait plus. Si une accouchée gourmande qui se soucient peu de cette croyance mange du poisson et empêche ainsi la prise du poisson, elle doit apprêter un grand gâteau et l'offrir à l'équipage du bateau. Par ce moyen, la barque peut retrouver son bonheur à la pêche.

XXVIII. — A Trygla, quand un *fiancé* va chez sa future pour la conduire recevoir la bénédiction du prêtre à l'église, il reste sur le seuil de la porte et prend avec trois doigts *les confitures* que lui offre la belle-mère. Il en mange un peu. Le reste est employé à oindre en forme de croix le linteau de la porte. Puis la future se lève, baise la main de son fiancé, et le suit à l'église avec ses compagnes.

XXIX. — Pour se débarrasser d'un *visiteur* ennuyeux, on met du sel dans ses souliers. (On sait qu'en Orient on se déchausse avant d'entrer dans une maison). On peut aussi renverser le balai. Cela fait partir le visiteur.

XXX. — Si la nuit un *chien hurle*, cela annonce la mort de quelqu'un dans le quartier, ou la venue d'une épidémie.

XXXI. — Si le café que l'on boit se *renverse* par inadvertance, c'est un signe qu'il va vous arriver de l'argent.

XXXII. — Un *verre* ou une *bouteille* d'eau-de-vie *renversée*, est un signe de mauvais augure.

2.

XXXIII. — Un *verre* ou une *bouteille* de vin *renversée*, est un signe de bon augure.

XXXIV. — Si on éprouve des *démangeaisons* dans la paume de la main droite, c'est signe d'argent à recevoir. Si la paume de la main gauche démange, c'est un signe d'argent à payer.

XXXV. — Si le talon du pied *démange*, on aura à faire un voyage.

XXXVI. — Les *taches blanches des ongles* annoncent un prochain voyage.

XXXVII. — Le *craquement des poutres* annonce un danger imminent, ou la mort du propriétaire.

XXXVIII. — Il y a des personnes qui ont la *main lourde*, et d'autres *légère*. Un verre de vin ou d'eau-de-vie pris de la main des premières rend ivre immédiatement. Beaucoup de verres des secondes ne peuvent enivrer.

XXXIX. — La *laine* ou le *drap filés par une main lourde* sont dévorés par les vers.

XL. — La *fouine* dévore les habits dans une maison où l'on dit en parlant de cet animal : *la fouine* tout court, sans y ajouter une épithète aimable ou caressante.

XLI. — Si le *premier mai*, on avale deux ou trois *noix nouvelles* on est préservé de toute maladie.

XLII. — L'homme *chatouilleux* sera jaloux de sa femme.

XLIII. — Les *aveugles*, les *boiteux*, en général toutes les *personnes infirmes*, sont dépravés et méchants.

XLIV. — Pour guérir un animal mordu par *un chien ou un loup enragé*, on brûle le cadavre de l'animal enragé, et l'on fait passer la bête mordue par-dessus la fumée.

XLV. — Pour guérir une *plaie* ou une *maladie*, on doit frotter la plaie ou le membre souffrant, lorsque le prêtre crie à haute voix pendant la messe : *Ézairétos ekimie!*

XLVI. — Pour se débarrasser des *souris* et des *rats*, une femme, le vingt-cinquième jour après Pâques, prend du fil et en fait des nœuds. Une femme lui demande :

« Que noues-tu ? — Je noue les souris et les rats. — Que noues-tu ? — Je noue les yeux des souris et des rats. — Que noues-tu ? — Je noue la bouche des souris et des rats. »

Et tout en répondant aux questions, la femme fait des nœuds. A la fin, elle dépose le fil dans la malle. Cette opération débarrasse des souris et des rats.

XLVII. — Pour se débarrasser des *tintements d'oreilles*, on trempe du coton dans la lampe de Saint-Spyridion, et l'on fait couler un peu d'huile dans l'oreille, en serrant le coton.

XLVIII. — A Trygla, il y a une chapelle consacrée à *Saint-Spyridion* Cette chapelle est située au milieu d'un bois d'oliviers. Les personnes qui souffrent des *oreilles* font un pélérinage à la chapelle de Saint-Spyridion le 12 décembre, jour consacré. On y invoque la protection du grand saint auquel on sacrifie un coq. Les malades arrivent à la chapelle avant le lever du soleil. Ils apportent un coq qu'ils tiennent sur les genoux. Dès que le coq chante, on le sacrifie. La tête et les pattes du coq sont suspendues aux parois intérieures de l'église. Le reste du coq sacrifié est offert aux parents et aux amis. Ceux de la famille du malade se gardent d'en manger.

XLIX. — Les Israélites de Constantinople cultivent la *rue* pour s'en servir dans certaines cérémonies religieuses. Si l'on touchait cette plante ou si on l'arrosait le samedi, elle se dessécherait.

L. — Les *âmes des morts* sont exemptes de toutes peines depuis Pâques jusqu'à la Pentecôte. Pendant cette période, les âmes rendent visite à leurs connaissances.

LI. — Les *quarante jours qui suivent la mort*, les âmes rendent visite à leur maison et à leurs amis.

LII. — A la *Pentecôte*, le prêtre s'agenouille sur un tapis et lit quelques prières dans l'église. Si l'on a placé des feuilles de *noyer* sous le tapis, ces feuilles détruisent les *punaises*.

LIII. — Le *Saint-Chrème* pris intérieurement guérit l'*épilepsie*.

LIV. — Si quelqu'un, tombant de sa monture, d'un arbre, d'un monument, se fait une *fracture*, un membre de sa famille va à l'endroit de la chûte, l'arrose de *sorbet* et *brise le vase* pour se rendre propice les mauvais génies qui ont causé le malheur.

LV. — Par suite d'accident, il arrive qu'une femme est en passe *d'avorter*. Ses parents font une balançoire avec des planches ou des poutres. Sur l'un des côtés, on met la femme enceinte; sur l'autre des vases de cuivre de la maison jusqu'à équilibre. Si l'on manque de vases, on en emprunte aux voisins. Ainsi on évite les fausses couches. Si l'on ne parvenait pas à faire l'équilibre, c'est que la femme devrait mourir.

LVI. — Si l'on voit *en rêve une femme qui pétrit des gâteaux de miel*, il faut en distribuer aux voisins. On en expose une partie en un endroit bien assuré ou sur un arbre. On croit que cette femme est le génie d'une certaine maladie. On fait la même chose pendant les épidémies.

LVII. — Si on touche une *hirondelle*, on s'expose à voir tomber ses cheveux.

LVIII. — En préparant le *fard* — blanc de céruse — les femmes doivent *mentir le plus grossièrement possible*, afin de réussir leur travail.

LIX. — Quand l'*oreille tinte*, on fait le signe de la croix sur l'oreille afin de ne pas entendre quelque nouvelle fâcheuse. On croit que les tintements d'oreilles annoncent qu'on va apprendre quelque nouvelle bonne ou fâcheuse.

LX. — Quand on *baille*, on fait le signe de la croix sur la bouche pour ne pas y laisser entrer Satan.

LXI. — En mangeant du *fruit précoce*, au lieu de le porter directement à la bouche, on étend la main droite derrière la tête et ainsi on fait entrer difficilement le fruit dans la bouche tandis qu'on murmure : « Je te mange, mais tu ne me mangeras pas ! »

LXII. — On évite d'*enjamber* un enfant couché par terre. Si on l'enjambait, l'enfant resterait nain.

LXIII. — On guérit les *scrofules* en appliquant sur elles la main d'un mort.

LXIV. — On observe attentivement le *chat qui se lave les pattes*. Si, après cette action, il se tourne vers la porte, on va recevoir des hôtes ; s'il se tourne vers d'autres endroits, on sait le côté par lequel le vent commencera à souffler.

LXV. — Il ne faut jamais laisser *ouverts les ciseaux*, *les armoires*, *les coffres*. Si on néglige de les fermer, on laisse ouverte la bouche de ses ennemis.

LXVI. — Si un *soulier est renversé*, on le redresse. Autrement le propriétaire du soulier mourrait.

LXVII. — Il ne faut pas laisser sur la table une *bouchée* de quelques mets. Ce serait y laisser son sort, sa fortune. Selon d'autres, celui qui mangerait cette bouchée, connaîtrait nos secrets.

LXVIII. — Le *Jeudi-Saint*, quand on *pétrit hors de la maison*, on ne donne pas de levain aux voisins. Si on en prêtait, la maison serait privée de bonheur, de fortune.

LXIX. — Le *Jeudi-Saint*, au point du jour, on va prendre de l'eau aux sept *agiasma* (source bénite), et on la donne au prêtre avec un pain pour faire l'office divin. On reprend l'*agiasma* le jour de Pâques. On en verse sur le corps pour retrouver la santé, au moment où le prêtre chante : « Jésus-Christ est ressuscité ! »

LXX. — La *nuit du Vendredi-Saint*, on va à Rodosto, à l'*agiasma* de Sainte-Paraskévie. On verse de l'*agiasma* sur le corps pour recouvrer la santé.

LXXI. — Le *Jeudi-Saint, au point du jour*, on expose à l'air les *habits de laine rouge et les fourrures*, pour qu'ils ne soient pas dévorés par les vers.

LXXII. — Tout Chrétien allume une *lampe* pendant *l'office divin de Pâques*. On en coupe la mèche et on l'attache aux arbres stériles. Cet arbre donne ensuite des fruits abondants.

LXXIII. — On voit parfois des *taches sur le linge et les habits*. En voici la raison : quand il y a des fêtes, des noces, les fées prennent notre linge et nos habits, pour leur usage. Quelquefois aussi, on ouvre les malles, les coffres à linge et à habits pendant la nuit, ce qui permet aux fées de s'introduire dans les coffres.

LXXIV. — Quand, *à minuit, on va prendre de l'eau à la fontaine*, on voit quelquefois danser les *nymphes* au bord de la fontaine.

LXXV. — Le *premier mai*, on va dans la campagne se rouler dans les herbes afin de devenir bien portant. On ramasse des fleurs dont on fait des couronnes qu'on attache à la porte de la maison.

LXXVI. — Pour *se guérir de toutes maladies*, on va au point du jour aux fêtes de *saint Georges* (23 avril), et de *saint Constantin* (21 mai), sur le bord de la mer; là, on prend de l'eau à quarante vagues et on se la verse sur le corps.

LXXVII. — Les *légumes semés sur le terrain des villes, des forteresses, des couvents ruinés*, donnent en abondance des fruits qui cuisent facilement.

LXXVIII. — Les *mariages du mois de mai* ne sont pas heureux.

LXXIX. — On croit généralement que l'eau bénite (*agiasma*), ne se putréfie pas.

LXXX. — Il en est de même de l'eau du *Jourdain*.

LXXXI. — Celui qui porte un *petit morceau de la vraie croix*, n'est pas atteint par les armes. Les balles ne lui font aucun mal et tombent sur le sol. Les animaux qui portent un morceau de la vraie croix sont également invulnérables.

LXXXII. — Le *24 juin, le soleil tourne*. En se baignant dans la mer au lever du soleil, on se débarrasse de tous maux.

LXXXIII. — Si le *coucou* chante le *25 juin*, l'hiver sera précoce.

LXXXIV. — Si les *mouches piquent très fort*, c'est signe de pluie.

LXXXV. — La *terre de la tombe* jetée dans une maison donne un sommeil très lourd. Les voleurs se servent de ce charme.

LXXXVI. — Le *serpent* n'attaque pas un homme qui boit de l'eau. Il attend qu'il ait fini de boire.

LXXXVII. — Les *fumigations de laine d'ours* guérissent des fièvres intermittentes.

LXXXIII. — Si le *corbeau chante,* cela annonce de la pluie.

LXXXIX. — La vue d'un *serpent* dans une maison est de mauvais augure. Si on le tue, quelqu'un mourra dans la maison.

XC. — Quand on se *déchausse,* si les souliers sont en désordre, c'est de mauvais augure.

IV

LE ROI SALOMON ET LES DÉMONS

Le roi Salomon, fils de David, a toujours été considéré comme le maître des génies. Son anneau est cité en maints endroits dans les ouvrages cabalistiques. Sa renommée s'est imposée aux Musulmans aussi bien qu'aux Juifs et aux Chrétiens. On lira donc avec le même plaisir que nous y avons trouvé les extraits principaux d'une très curieuse plaquette grecque — écrite sans doute par quelque demi lettré ami du merveilleux — que nous avons eu la bonne fortune de rencontrer à Constantinople. Cette brochure ancienne est absolument populaire dans la forme et dans les détails. Elle est intitulée:

UNE GRANDE ET MIRACULEUSE HISTOIRE ET CONTE SUR SALOMON

LE PLUS SAGE ROI QUI FUT AU MONDE

Comment il a fait construire le saint temple de Jérusalem avec l'aide des démons. Comment il a pu soumettre tous les démons...

« Le roi *Salomon* voulut faire édifier un temple consacré à Dieu, sous le nom de *Sion.* Il fit venir de tous les points de la terre des hommes habiles et expérimentés dans les sciences et dans les arts, au nombre de 4.000, sans compter les ouvriers chargés de construire le temple de Sion.

» Dans le palais du roi se trouvait un jeune homme, un garçon plus beau, plus joli que tous les jeunes gens au service de Salomon. Ce garçon était excessivement chaste, sage, habile dans tous les arts. Le roi aimait à le voir ; aussi il l'avait chargé de tous ses services et il l'aimait comme son propre fils.

» Salomon l'avait donc nommé son intendant, son représentant auprès des maîtres maçons et des artisans chargés de construire le temple de Dieu. C'était ce jeune homme qui conduisait le travail de la construction de Sion. Les ouvriers employés à édifier le temple de Dieu, le roi lui-même, ne pouvaient s'empêcher d'admirer la sagesse de ce garçon.

» Le *Démon*, l'ennemi de la vérité, le maraud Démon, ne pouvait souffrir l'entreprise qu'avait commencée Salomon, et son envie se portait contre le roi. Il voulait attrister le fils de David afin de l'empêcher d'achever la construction du Temple. On va voir ce qui advint au Démon, le maraud, et comment il se laissa prendre au piège, pour devenir honteux et ridicule.

» Et, en ces jours, le joli jeune homme commença à dépérir, à perdre les belles couleurs de son visage et en même temps son intelligence. Car, il venait dans les airs, sans être vu de personne, un esprit malin et immonde qui tourmentait le garçon au moment où celui-ci se couchait, et qui lui faisait avoir toutes sortes de mauvais rêves.

» Le roi était fort attristé et fort chagrin de voir le jeune homme en cet état; pour lui faire recouvrer la santé, il ordonna qu'on servît au garçon le double des mets et des vêtements qu'on accordait aux autres jeunes gens de service au palais; mais les belles couleurs du jeune homme ne revinrent point.

» — Dis-moi, mon enfant, demanda un jour le roi, dis-moi ce que tu as, ce qui te fait souffrir; ta figure est jaune et tu es triste; la mémoire même te manque. Dis-moi ce que tu as. »

« Le jeune homme ne voulut point raconter ce qui le faisait tant souffrir.

Le roi admirait l'adolescent; il se désolait de ne point l'entendre répondre à ses questions et de ne savoir quoi faire pour le guérir. Alors, il menaça le garçon :

» — Tu me diras la vérité. Tu as perdu la mémoire et les belles couleurs. Je te ferai tourmenter jusqu'à ce que tu me dises ce qui te fait souffrir. »

« L'enfant, à l'ouï de ces menaces, répondit tout en tremblant et pleurant :

» — Mon seigneur, — que ta vie soit longue ! — tu m'as donné tous les biens, rien ne m'a jamais manqué. Mais tous tes trésors d'affection ne donnent aucune joie à mon cœur. Ecoute, mon seigneur, — que ta vie soit longue ! — je vais te raconter ce que je souffre quand je me couche.

» — Il se présente un nègre, un homme plus noir qu'un Maure, qui me prend le cœur, me saisit le petit doigt et me suce le sang. Et dans la journée, je vois un ange qui me dit : — Prends bien garde de dire au roi ce que tu souffres; je vais te guérir. Si tu parles au roi, tu ne m'échapperas point ! »

« En entendant ces paroles, le roi fut fort étonné. Il rendit grâces à Dieu et comprit que celui qui tourmentait l'enfant par de si mauvais rêves était l'esprit malin, l'immonde démon.

» Aussitôt le roi se mit à prier Dieu, tout en pleurant et le cœur ému, et nuit et jour il chercha le moyen de maudire et de faire périr le Démon immondé qui tourmentait son petit favori.

» Dieu ne fut pas insensible aux pleurs ni à la douleur du roi ; il entendit ses prières, et lui envoya l'archange *Michel* qui lui offrit un cachet, un *sceau* divin, en lui assurant que le Maure des nuits noires était un esprit malin.

» — Tu donneras ce sceau, dit l'archange, au jeune homme ; il frappera le démon à la poitrine avec ce cachet lorsque le mauvais génie viendra le tourmenter ; puis il le liera et il te l'amènera. Alors tu verras la méchanceté et les ruses de ce démon. Par ce sceau, tu frapperas et tu soumettras les démons et leur puissance ; tu rassembleras les mauvais génies de l'air, de la terre, de la mer et des abîmes, et tu leur feras édifier le temple de Dieu ; les démons seront tes ouvriers. »

Le roi prit le sceau que lui apportait l'archange Michel, et il rendit grâces à Dieu.

Salomon fit enfermer ce cachet dans une bague précieuse ; il fit appeler le jeune homme, lui donna l'anneau et lui ordonna de s'en servir d'après les recommandations de l'archange Michel.

La nuit venue, le garçon allait se coucher, lorsque le démon arriva. Suivant les instructions qu'il avait reçues de Salomon, il marqua à la poitrine du sceau du Seigneur le mauvais génie qui se mit à crier :

« — Hélas ! malheureux ! Je me suis laissé marquer du sceau de Salomon ! »

Le jeune homme se leva, il lia *Satan* et lui dit : « O le plus méchant des démons ! te voici scellé du cachet de Dieu, lié, pris au piège ! tu es un esprit malin, un diable immonde ; tu venais chaque nuit me sucer le sang pour me faire mourir ; et dans la journée tu te montrais à moi comme un ange, méchant démon ennemi de ma vie ! Je te conduirai garotté devant Salomon qui te fera souffrir bien des tourments ! »

Le jeune homme mena le démon devant le roi qui fut fort étonné de voir un mauvais esprit ; il en rendit grâces à Dieu et dit au démon :

« — Dis-moi, ô esprit malin et immonde, dis-moi quel est ton nom, ton exécrable occupation ? Pourquoi tourmentais-tu ce garçon ? Si tu ne m'obéis pas, je te ferai mener à la *Géhenne*.

— Je me nomme *Ornias*, répondit le démon ; je suis un esprit malin des airs ; voici mon occupation : tourmenter et scandaliser cet enfant parce que je déteste l'entreprise que tu as commencée, c'est-à-dire l'édification du temple du Seigneur. Nous, démons, nous portons toujours envie aux beaux garçons, nous scandalisons le cœur des hommes pour leur faire commettre de mauvaises actions et leur faire oublier le Dieu des cieux.

» Quelquefois, continua Ornias, je deviens une jolie fille, je me montre en rêve aux hommes et je les entraîne à la concupiscence. D'autres fois, je me fais chien, ou aigle, ou lion avec mes compagnons, et nous nous présentons aux hommes. Mais quand nous voyons les archanges Michel et *Gabriel,* nous disparaissons. »

Salomon rendit grâces à Dieu d'avoir entendu ces paroles ; il invoqua les archanges Michel et Gabriel qui se présentèrent aussitôt en descendant du ciel, et qui enchaînèrent Ornias et sa légion de compagnons. Les saints archanges ordonnèrent aux démons d'aller d'un bout de la terre à l'autre bout chercher les pierres et les marbres les plus lourds. Dès qu'ils furent revenus, Salomon leur enjoignit de tailler les marbres et de travailler le fer nécessaire à la construction du nouveau temple du Seigneur.

Le roi fit venir le beau et intelligent garçon : « Prends, lui dit-il, le sceau de Dieu ; va aux déserts en compagnie d'Ornias Satan, dans tous les lieux où se trouvent des démons, touche-les du cachet du Seigneur, et amène-les ici avec leurs légions. »

Le jeune homme prit le sceau de Dieu et partit avec Ornias Satan. Il trouva le chef des démons.

« Le roi Salomon, lui dit-il, t'appelle par l'orde de Dieu *Sabaoth.*

— Qui est-il, interrogea le démon, le roi Salomon dont tu me parles ? »

Aussitôt l'intelligent enfant jeta le sceau de Dieu sur la poitrine du mauvais esprit ; le cachet s'attacha. Et le roi des diables, en compagnie de 6,000 démons, fut contraint d'aller chez le roi Salomon. Et les démons occupés à la construction du temple, s'inclinèrent devant le chef et l'adorèrent.

Salomon rendit grâces au Dieu du ciel et de la terre de l'avoir comblé de tant de bénédictions et de bonheur.

« Quel est ton nom ? demanda-t-il au démon.

— C'est moi, répondit celui-ci, que l'on nomme *Véelzéooul* (Béelzébuth) ; on me nomme encore *Ventre de Libertinage* et *Passion de la Chair ;* je suis le seigneur de 6,000 démons ; je fus jadis le roi des anges qui étaient au Paradis ; avec moi, Véelzévoul se trouvait *Lucifer.* Mais Dieu maudit Lucifer et le condamna à être enchaîné dans les abîmes de la terre.

» Je suis, continua Véelzévoul, le chef des démons méchants et immondes qui vivent dans les airs. Nous prenons toutes les formes ; nous nous faisons hommes et nous portons au péché les mortels par de mauvais rêves. Nous étouffons les petits enfants à côté de leur mère. Si une femme ou un homme est possédé par nous, qu'il se fasse une fumigation avec la bile du poisson *glianos* qui vit dans les eaux douces, et qu'il récite cette prière : « *O Raphaël qui es devant Dieu, tire-moi d'embarras.* » Aussitôt nous serons obligés de remonter dans les airs.

« C'est moi qui oblige les rois à se déclarer la guerre. C'est moi qui fais verser tant de sang parmi les hommes. C'est moi qui fais surprendre tant de prisonniers sur la terre et sur les mers. Enfin, je ne veux jamais de bien au genre humain.

— Quel est l'ange, demanda Salomon à Véelzévoul, qui peut détruire votre puissance ?

— C'est, répondit Véelzévoul, le nom de Dieu tout-puissant et celui de l'archange Raphaël qui seuls peuvent annihiler notre pouvoir. »

Les démons avaient grand'peur que le roi les réprimandât.

Salomon commanda à Véelzévoul d'aller scier les pierres et le marbre ; et tous les démons, conformément à cet ordre, se mirent à travailler à la construction du temple du Seigneur.

Ce fut un grand miracle que de voir tant d'hommes habiles et expérimentés dans les sciences et dans les arts travailler dans la compagnie de démons aussi appliqués à leur tâche. Les *djinns* n'osaient faire aucun mal aux hommes, car Salomon les tenait sous son obéissance par le sceau de Dieu grâce auquel il pouvait enchaîner tous les démons ; ceux-ci étaient si obéissants que des esclaves ; ils allaient tailler la pierre et le marbre, transporter la chaux et l'eau, et rendre toutes sortes de services aux ouvriers chargés de la construction du temple de Dieu, bien qu'ils fussent enchaînés.

Au plus fort du travail, un maître maçon se prit de querelle avec son fils. Il alla porter plainte à Salomon contre son enfant qui l'avait insulté et déshonoré.

« Grand roi, — dont la vie soit longue ! — dit le maître maçon, faites mourir mon fils qui m'a insulté et déshonoré. Sinon, je ne travaillerai plus à la construction du temple de Dieu. »

Quelques heures plus tard, le fils, à son tour, s'en vint porter plainte contre son père.

Le roi songeait à ce qu'il devait faire pour réconcilier le père et le fils, tout en contemplant la nouvelle construction du Temple. Il vit Ornias le maudit qui ne travaillait plus et qui paraissait sourire.

« Retirez-vous, dit Salomon au père et au fils ; laissez-moi en repos. »

Et lorsqu'ils se furent retirés, le roi envoya le jeune homme sage appeler Ornias Satan.

« O esprit malin et immonde ! lui dit-il, pourquoi ris-tu de mon empire, de ma justice, du temple que je fais édifier.

— Ce n'est pas, dit Ornias, de ton royaume, de ton empire, ni de ta justice, que je ris ; c'est de ces deux misérables que tu veux juger ; c'est de ce vieillard, un querelleur — qui est en querelle avec son fils ; c'est de ces deux hommes que je ris ; car, dans trois jours, le fils mourra ! »

. Le roi ordonna à Ornias d'aller travailler avec zèle à la construction du temple de Dieu. Et, appelant le père et le fils qui étaient en procès, il leur commanda de se présenter devant lui au bout de cinq jours.

Le délai de cinq jours étant expiré, le vieillard se présenta tout en larmes devant le roi et lui dit :

« O roi, — dont la vie soit longue ! — mon fils vient de mourir ; je ne le reverrai plus !

— Combien de jours se sont écoulés depuis la mort de ton fils ?

— Il est mort le troisième jour de notre querelle.

— Va et sois tranquille ! le Seigneur te donnera la patience pour supporter ta douleur qui blesse ton cœur. Tu seras consolé ! »

Le roi fit appeler le beau et sage garçon, et lui ordonna d'amener Ornias. Ornias présent :

« Dis-moi, lui dit Salomon, esprit malin et immonde, comment as-tu su que le fils du maître maçon devait mourir dans trois jours ? »

Ornias lui répondit en tremblant :

« Seigneur roi, nous étions autrefois des anges, nous aussi. Dieu jeta dans les abîmes de la terre Lucifer et ses légions, à cause de notre orgueil.

« Lorsque l'archange Michel eut dit aux anges restés fidèles à Dieu :

» Demeurons fermes ! soyons sans peur ! »

« Nous sommes restés dans l'air, et nous sommes devenus des anges des ténèbres, lorsqu'auparavant nous étions des anges de lumière. Nous remontons au ciel deux fois chaque jour et nous chantons des hymnes à Dieu. Nous écoutons les paroles des anges et nous savons quarante jours à l'avance les hommes qui mourront.

« Aussi faisons-nous tous nos efforts pour gagner ces hommes et les pousser au péché. Nous nous tenons sous la voûte du ciel pour surprendre les secrets des anges. Ainsi qu'un vent violent enlève les feuilles des grands arbres, ainsi le regard de Dieu nous met en fuite et nous sommes précipités.

« Alors, dans leur ignorance, les hommes nous prennent pour les *étoiles filantes* ; ils nous rendent grâces et prétendent qu'un esclave vient d'être délivré. Et ils en remercient Dieu. »

Salomon demanda au démon si les étoiles, elles aussi, tombent parfois des cieux.

« Non, seigneur, dit Ornias ; les étoiles se lèvent, se couchent, ont leur chemin comme le soleil et comme la lune, et cela jusqu'à la fin des siècles. »

A l'ouï de ces choses, le roi rendit grâces à Dieu, puis il ordonna à Ornias d'aller travailler, en compagnie des autres démons, à la construction du temple de Dieu.

. . . .
.

Un roi des Assyriens de l'Arabie fit part à Salomon que dans son royaume il se trouvait un certain démon méchant et fort comme aucun, qui renversait les maisons, déracinait les arbres, jetait les hommes dans les flammes ou dans les eaux.

« J'ai entendu dire, continuait le roi Assyrien dans sa lettre, que par un cachet de Dieu apporté par l'entremise d'un archange, tu avais soumis les démons. Je te prie instamment d'envoyer quelqu'un dans mon royaume, afin d'y détruire le démon. Si tu m'en délivres, je t'enverrai trente talents pour la construction du temple de Dieu. »

Au reçu de cette missive, le roi commanda au beau, à l'intelligent garçon, d'aller sur l'heure au royaume d'Arabie, et il lui remit le sceau de Dieu et une lettre pour le roi d'Assyrie.

Salomon recommanda au jeune homme de se munir d'une peau neuve et d'un dromadaire, et de se tenir sur ses gardes lorsqu'il serait arrivé dans le repaire du démon.

« Lorsque la tempête se mettra à souffler, ajouta le roi, tu tiendras ouverte la peau neuve devant l'outre du mauvais esprit. La peau se gonflera ; alors tu la fermeras et tu en cachèteras l'ouverture avec le sceau de Dieu. Tu chargeras l'outre sur le dromadaire et tu m'amèneras l'immonde démon. »

Le garçon se mit en route ; il arriva chez le roi d'Arabie et il suivit les ordres de Salomon. Il revint apportant au roi, son maître, l'outre dans laquelle était enfermé le mauvais esprit. En chemin, le démon pria le jeune homme de lui rendre la liberté, lui promettant de lui faire savoir où sont cachés la *Pierre verte* et l'*Or mystérieux*.

L'enfant ne voulut rien entendre.

« Je te conduirai, dit-il au diable, devant Salomon qui fera de toi ce qu'il jugera à propos. »

En arrivant devant le roi, l'outre tomba par terre et se mit à rouler sur le sol. Le jeune homme dénoua l'ouverture et le démon en sortit.

Le roi Salomon le toucha au cou et à la poitrine, puis il le fit garotter.

« Quel est ton nom ? demanda le fils de David.

— On me nomme *Ephippas*.

— Quelle est ton exécrable occupation ?

— La méchanceté. Je te prie, ô roi, de ne pas me maudire au nom de Dieu ; je t'apporterai la Pierre angulaire qui brille au fond de la mer plus que le soleil. Les hommes et les démons ont voulu l'enlever, mais ils n'y ont point réussi. Je la dresserai au milieu du temple du Seigneur. »

Les assistants ne purent s'empêcher d'admirer ce miracle. (Lorsqu'est venu sur la terre, Notre Seigneur Jésus-Christ, le Fils, le Verbe de Dieu, la vraie Lumière, la Lumière de l'univers, le

Soleil qui jamais ne se couche, cette Pierre angulaire a perdu son éclat resplendissant.)

Le roi demanda encore à Ephippas s'il y avait d'autres démons semblables à lui.

« Je connais, seigneur, d'autres démons qui habitent dans la Mer Rouge et qui ont la garde de la Colonne pourprée éclatante. »

Le roi dit aussitôt au jeune homme :

« Mon enfant, prends le sceau de Dieu, va en compagnie d'Ephippas vers la Mer Rouge où tu trouveras les démons gardiens de la Colonne pourprée éclatante ; tu les frapperas du cachet sur la poitrine et tu les obligeras à transporter jusqu'ici la Colonne pourprée éclatante. »

L'enfant s'en fut vers la Mer Rouge en compagnie d'Ephippas, et il agit suivant les ordres reçus. Il cacheta à la poitrine tous les démons, et il leur dit :

« Allons vers le roi Salomon ; transportez chez lui la Colonne pourprée éclatante. »

Et les démons, enlevant la Colonne, la portèrent au temple de Dieu.

Salomon et tous ceux qui avaient été témoins de ce prodige étaient grandement étonnés. Après cela, le roi ordonna aux démons de maintenir en l'air la Colonne pourprée éclatante et de la conserver suspendue jusqu'à la consommation des siècles (1).

Le roi ordonna de faire venir Ornias Satan. Il lui demanda s'il n'existait plus d'autres démons malins et immondes.

« Il y a, ô seigneur roi, répondit Ornias, un autre démon, mais il est très fort.

— Où demeure-t-il ?

— Dans la région des tombeaux, dans les endroits escarpés ; il fait beaucoup de mal aux hommes ; il est le chef d'une légion ; personne ne peut lui résister ; il fait trembler la terre.

— La force de ce démon ne te regarde point, ô malin et immonde Ornias ! Va, au nom de Dieu, en compagnie du jeune homme. Amène ici tous ces mauvais génies. »

Le roi appela le garçon et lui dit :

« Mon enfant, prends le sceau de Dieu, va avec Ornias chercher le chef des démons et toute sa légion ; tu les frapperas du cachet et tu les conduiras en ma présence. »

Le jeune homme prit le sceau et s'en fut, en compagnie d'Ornias, chercher le démon et sa légion. L'enfant finit par les rencontrer. Il leur cria :

« Au nom de Dieu, le Très-Haut, esprits malins et immondes, arrêtez-vous ! »

Les démons s'arrêtèrent incapables de remuer.

(1) On dit que la Colonne pourprée éclatante que les démons tiennent suspendue, se voit à l'intérieur de la mosquée d'Omar, à Jérusalem.

Alors le jeune homme les toucha du sceau, les lia et les conduisit devant le roi Salomon. Le roi se tenait sur un trône élevé ; il portait en tête la couronne, en mains un sceptre et un bâton, et il surveillait le travail des maîtres maçons et celui des démons qui, comme des esclaves, sciaient et taillaient la pierre et le marbre.

Le beau garçon mena les nouveaux démons devant le roi qui remercia Dieu de cette nouvelle grâce et aussi du visage sauvage et noir qu'il avait donné à ces mauvais esprits pour leur grande honte.

Salomon interrogea le chef de ces démons :

« Dis-moi, ô esprit malin et immonde, comment te nomme-t-on ? quelle est ton exécrable occupation ?

— On me nomme, répondit-il, *Hathrou-Samaël* ; mon occupation est celle-ci : Nous nous tenons sur la grande route dans l'attente des voyageurs ; nous les jetons dans les précipices ou nous les étouffons ; nous entrons dans la carcasse des morts, nous prenons leur forme, nous dévorons leur chair, puis nous remontons dans les airs ; nous rendons les hommes lunatiques, nous suçons leur sang, nous les faisons écumer, grincer des dents ; nous les étouffons auprès de leur foyer ou dans les forteresses ; nous les précipitons dans les gouffres de la mer ; nous les faisons mourir subitement au moment du péché ; ainsi nous les condamnons à la damnation et ils sont pour toujours sous notre joug.

— Ne craignez-vous point le Dieu du ciel et de la terre ? lui demanda le roi. Quel est l'ange qui peut abattre votre puissance ?

— Quand viendra sur la terre le Sauveur du monde, le fils et le verbe de Dieu, qui fera une amulette au front et à la poitrine par la main droite (le Démon annonçait, 760 années à l'avance, la Sainte-Croix), quand celui-là sera venu, notre puissance sera détruite. »

Le roi maudit Samaël et toute sa cohorte au nom de Dieu le Seigneur, puis il les toucha du sceau au cou et à la poitrine. Après cela, Salomon leur ordonna d'aller scier le marbre et la pierre, transporter la chaux et l'eau dans les chantiers du Temple.

. . . .

. . . .

Salomon rendit grâces à Dieu de lui avoir accordé le pouvoir de soumettre tous les démons de l'air, de la mer et des abîmes de la terre.

La construction du Temple achevée, Salomon rassembla tous les esprits malins et immondes, ce qui forma une véritable armée, et il fit travailler de grands vases de cuivre en forme de jarres et de tonneaux. Ces vases achevés, Salomon commanda à tous les démons d'entrer dans les vaisseaux de cuivre ; il les referma solidement et les scella du cachet de Dieu. Ainsi les démons ne pourraient plus sortir des vases. Les cachets étaient d'or et d'argent.

. . . .

. . . .

Lorsque *Nabuchodonosor*, roi de Babylone, eut conquis le royaume d'Israël, il fit brûler le Temple de Salomon. Les Chaldéens ravagèrent et pillèrent tout le pays. Les monuments de Jérusalem furent ruinés. Les barbares trouvèrent les grands vaisseaux de cuivre qui renfermaient les démons. En voyant les cachets d'or et d'argent, ils s'imaginèrent que les vases renfermaient des trésors, et ils les ouvrirent. Les démons en sortirent; ils retournèrent habiter leurs anciennes demeures et se remirent à tourmenter le genre humain.

HENRY CARNOY et JEAN NICOLAÏDES.

FIN

www.ingramcontent.com/pod-product-compliance
Lightning Source LLC
Chambersburg PA
CBHW060803280326
41934CB00010B/2531